더워드요리문답

하대중 변무영 정찬도

더워드

더워드요리문답

The Word Catechism

펴낸날 　　　초판 1쇄 2022년 7월 11일

지은이 　　　하대중 변무영 정찬도
펴낸이 　　　정찬도

펴낸곳 　　　더워드
출판등록 　　2022년 6월 28일
주소 　　　　울산광역시 울주군 범서읍 천상길76 3층

편집 　　　　정찬도
표지디자인 　정찬도

ISBN 　　　　979-11-979438-0-5

※ 값은 뒤표지에 있습니다
※ 잘못 만들어진 책은 구입하신 서점에서 바꾸어 드립니다.

더워드요리문답

하대중 변무영 정찬도

대표 서문

2019년 1월, 30명 정도의 인원으로 더워드 어린이 소요리 캠프를 경주에서 시작했습니다. 처음 시작할 당시, '과연 어린이들이 얼마나 참석할까?'에 대한 의문을 가졌습니다. 그렇지만 그 물음에 답하는 일은 그리 어렵지 않았습니다. 그야말로 소수였습니다. 그 당시에는 '아무래도 소요리 문답으로 수련회를 한다는 건 무리인가 보다'라고 생각했습니다. 하지만 여름에 다시 한 번 개최하기로 했습니다. 두 번은 해 보고 결정을 해야겠다는 마음에서입니다. '과연 이번에도 30명 정도의 인원이 올 것인가?'에 대해 궁금해 하고 있을 때, 선입회 등록만 400명이 했습니다. 최종인원은 520명 정도였습니다. 그 때는 또 이렇게 생각했습니다. '소요리 문답으로도 캠프가 되는구나!' 그리고 매년 여름과 겨울에는 계속해서 소요리 문답을 가지고 캠프를 해야하겠다고 다짐했습니다.

저는 소요리 문답 캠프를 다시 오고 싶다는 말을 참석한 아이들과 교사들을 통해 듣게 될 때에 보람을 느꼈습니다. 우리 신앙의 표준을 즐겁게 배우며 집중하는 아이들의 모습을 보며, 소요리 문답이 주는 유익이 이렇게 크다는 것을 다시금 확신할 수 있었기 때문입니다.

이번에 더워드는 교리교육의 필요성과 중요성에 따라 교재를 집필하기에 이르렀습니다. 『웨스트민스터 대소요리문답』을 52 문답으로 간추렸습니다. 한 문답 한 문답 안에 기독교 신앙의 핵심이 그림과 함께 이해가 쉽도록 담겨져 있습니다. 아울러, 꼭 수련회에 참여하지 않더라도 각자의 가정과 교회에서 보아도 이해가 쉽도록 해 놓았습니다.

기독교 신앙이란! '무엇을 믿는가?'와 '무엇을 아는가?'로 크게 나눌 수 있습니다. 바로 이 교재가 위의 두 가지에 대한 물음에 대한 답을 명확하게 제시해 주고 있습니다. 다음세대들의 바른 신앙교육을 위해 그리고 바른 교리교육을 위해 더워드는 항상 최선을 다하도록 하겠습니다.

끝으로, 가정과 교회의 현장에서 다음세대들을 위하여 헌신의 수고를 아끼지 않으시는 모든 이들에게 감사와 위로의 말씀을 전합니다. 오래 참음으로 마음을 다해 가르쳐 주셔서 감사드립니다. 바르게 배운 이들이, 하나님의 손에 이끌려 쓰임 받게 될 것을 믿어 의심치 않습니다. 오늘도 더워드는 신앙의 뼈대를 세우는 일을 이어갑니다. 비록 더디더라도 보폭을 맞춰 함께 걷는 더워드의 사역 여정이 되도록 최선을 다하겠습니다. 머리로 배워서 아는 내용들이 마음으로 믿어지는 은혜가 삼위일체 하나님께로부터 임하기를 진심으로 바랍니다.

2022년 7월

하대중 목사 더워드 대표

저자 서문

『웨스트민스터 소요리문답』은 교역자의 길을 걷는 내내 저의 친구였습니다. 언젠가 성도 한 분이 새벽에 소요리문답을 가르치면 새벽기도에 출석하겠다고 도발적인 요청을 한 일이 있습니다. 담임 목사님이 그 일을 저에게 맡겨 110일 동안 소요리문답으로 특별새벽기도회를 인도하기도 했습니다. 매일 요리문답 강의를 준비하는 일이 쉽지는 않았지만, 찬송과 기도가 회복되는 시간이었습니다. 성도들의 긍정적인 피드백은 사역의 즐거움도 느끼게 해주었습니다. 소요리문답 강의를 마친 뒤에는 설교가 달라졌다는 말도 들을 수 있었습니다. 그 뒤로도 새로운 사역지에서는 항상 소요리문답을 공부하고 가르치며 유익을 얻었습니다. '사람의 제일 되는 목적이 하나님을 영화롭게 하고, 영원토록 그분을 즐거워하는 것'이라 가르치는 요리문답은 제가 신앙의 즐거움을 잊어버릴 때마다, 회복의 동력이 되어 주었습니다.

이번에 『더워드요리문답』이라는 이름으로 작은 책을 하나 내놓습니다. 홈스쿨을 하는 딸과 아들을 생각하며 글을 썼습니다. 그동안 아이들이 소요리문답을 익힐 수 있도록, 다양한 시도를 해 보았습니다. 소요리문답 해설집을 필사하도록 하고(수년 동안 매일 거르지 않는 아이들의 일과입니다.) 여러 교제를 사용하여 소요리문답을 가르쳐 보았습니다. 모두 유익한 시간이었지만, 마음 한쪽에 소요리문답을 성경 이야기로 들려줄 수 없을까 하는 아쉬움이 있었습니다. 아이들에게 이야기가 얼마나 강한 영향을 미치는지, 몇 번 경험했기 때문입니다. 이번에 마음의 짐을 조금 덜게 되었습니다. 소요리문답을 매주 하나씩 공부할 수 있도록, 52개로 요약하고 문항마다 짧은 성경 이야기를 포함했습니다. 기획 의도를 따라 짧게 썼지만, 인도자가 성경 본문과 이야기 성경을 참고하면, 더 풍성하게 가르칠 수 있습니다. 교회의 어린아이들이 신앙을 정립하는데, 이 책이 조금이나마 도움이 되기를 소망합니다.

끝으로 함께 책을 쓰자고 제안한 정찬도 목사에게 고마운 마음을 전합니다. 오래된 친구인 정목사는 평화로운 자연 풍경에 취해, 게으름을 부리는 저를 거의 반강제로 책상 앞에 끌어다 앉혀주었습니다. 더워드라는 단체를 설립해 성경과 교리교육에 힘쓰시는 하대중 목사님께도 감사합니다. 그리고 이 귀한 사역에 동참케 하신 하나님께 모든 영광 돌립니다.

2022년 7월
변무영 목사 창남교회

저자서문

종교개혁 이후 개혁된 교회들은 그들 안에 여전히 남아 있는 로마가톨릭교회의 잔재를 제거하고 교회를 계속해서 개혁해 나가는 커다란 숙제가 있었습니다. 그 개혁의 시작은 신앙의 가장 기본적인 가르침부터 다시 교육하는 것이었습니다. 그것이 바로 교리교육이었습니다.

교리교육의 주된 내용은 교회가 고백하는 신앙의 가장 기본적인 가르침인 사도신경, 십계명, 주기도였습니다. 구원을 위한 복음의 핵심 내용인 사도신경은 성부 하나님과 우리의 창조, 성자 예수님과 우리의 구원, 성령 하나님과 우리의 성화 3구조로 이루어져 있습니다. 구원 받은 자의 신앙의 원리인 십계명은 하나님에 대한 계명인 1-4계명과 사람에 대한 계명인 5-10계명, 즉 하나님 사랑과 이웃 사랑 2구조로 이루어져 있습니다. 그리고 구원 받은 자의 감사의 원리인 주기도는 하나님에 대한 청원과 사람에 대한 청원 그리고 송영 3구조로 이루어져 있습니다.

한국교회는 교리교육의 핵심 가르침인 사도신경, 십계명, 주기도는 전 세계 어느 교회보다 예배 가운데 적극적으로 사용하고 있습니다. 하지만 그 본 의미에 대한 제대로 된 교육이 이루어지지 않아, 피상적인 고백 혹은 암기에 그치는 것이 한국 교회 교리교육의 현주소라 할 수 있습니다.

『웨스트민스터 소요리문답』은 신앙의 자녀들을 위한 신앙 교육을 목적으로 196문답의 대요리문답을 107문답으로 간추려 놓았지만, 이 역시 내용상으로 결코 적은 분량이 아닙니다. 그런 의미에서 『더워드요리문답』은 『웨스트민스터 대소요리문답』을 52문답으로 더 간추렸습니다. 『더워드요리문답』은 『하이델베르크요리문답』처럼 매주일 교육을 통해 1년 신앙교육을 실천할 수 있을 것입니다. 그리고 매주일 가정예배서로도 쉽고 유용하게 사용할 수 있을 것입니다.

『더워드요리문답』은 질문과 답에 대한 관련성경구절과 대소요리문답의 문답번호를 달아놓아, 보다 상세하고 구체적인 내용 확인에 도움을 주고 있습니다. 또한 문답과 관련된 성경 이야기를 소개하여, 성경의 인물과 사건들을 통해 문답의 내용 이해를 돕고 있습니다. 그리고 전체 문답의 요약을 고백으로 정리하고 결단으로 마무리하도록 되어 있습니다.

필자는 『더워드요리문답』을 통해 어린 자녀들의 신앙교육이 보다 체계적으로 이루어지길 소망합니다. 또한 이 책을 통해 가르치는 자와 배우는 자 모두 목적에 맞게 사는 그리스도인의 삶에 대한 구체적인 방법을 배우는데 유용하게 사용되기를 소망합니다.

2022년 7월

정찬도 목사 주나움교회

목록

하나님의 구원 사역은 무엇입니까? 15-23문답

15문_하나님께서는 모든 사람이 비참하게 영원한 벌을 받도록 두셨습니까?

16문_하나님께서는 누구를 통해 그가 선택하신 자들을 구원하십니까?

17문_하나님의 아들이신 그리스도는 어떻게 사람이 되셨습니까?

18문_하나님의 아들이신 그리스도는 왜 사람이 되셔야 했습니까?

19문_그리스도께서는 구원자로서 무슨 일을 행하십니까?

20문_그리스도는 선지자 직분을 어떻게 행하십니까?

21문_그리스도는 제사장 직분을 어떻게 행하십니까?

22문_그리스도는 왕의 직분을 어떻게 행하십니까?

23문_그리스도는 어떻게 낮아지시고 높아지셨습니까?

우리는 어떻게 구원 받습니까? 24-32문답

24문_우리는 그리스도께서 이루신 구원을 어떻게 얻을 수 있습니까?

25문_성령님은 우리를 어떻게 부르십니까?

26문_부르심을 받은 자는 어떤 유익을 얻을까요?

27문_의롭다 하심은 무엇입니까?

28문_양자로 삼으심은 무엇입니까?

29문_거룩하게 하심은 무엇입니까?

30문_구원받은 사람이 살아서 누리는 복은 무엇입니까?

31문_구원받은 사람이 죽을 때 누리는 복은 무엇입니까?

32문_구원받은 사람이 부활할 때 누리는 복은 무엇입니까?

하나님께서 우리에게 무엇을 요구하십니까? 33-48문답

33문_하나님께서 구원받은 사람에게 요구하시는 것은 무엇입니까?

34문_사람에게 보이신 순종의 규칙은 무엇입니까?

35문_하나님께서 요구하시는 첫째 되는 계명은 무엇입니까?

36문_하나님께서 요구하시는 둘째 되는 계명은 무엇입니까?

37문_우리는 하나님의 계명을 완전히 지킬 수 있습니까?

*약어

WLC Westminster Larger Catechism 웨스트민스터대요리문답

WSC Westminster Shorter Catechism 웨스트민스터소요리문답

TWC The Word Catechism 더워드요리문답

더워드/요리문답

사람의 목적과 하나님의 말씀

1-3문답

01문 더워드요리문답

사람의 가장 중요한 목적은 무엇입니까?

답: 하나님을 영화롭게 하고[1]
그를 영원토록 즐거워하는 것입니다.[2]

---

1) 고전 10:31; 롬 11:36. 2) 시 73:25-28.
WLC 1문답, WSC 1문답.

TWC _ 말씀

이 백성은 내가 나를 위하여 지었나니 나를 찬송하게 하려 함이
니라   이사야 43:21

이스라엘 사람들이 애굽의 노예로 살 때, 하나님은 모세를 보내 그들을 구원하셨습니다. 그들을 구원하실 때 어떠한 일들을 행하셨나요? 열 가지 재앙을 내리고, 홍해 바다를 갈라 마른 땅처럼 지나게 하는 기적을 보여주셨습니다. 이 모든 하나님의 기적을 본 이스라엘이 하나님을 기쁘게 찬양하며 즐거워할 때, 하나님은 영광을 받으셨습니다(출 14~15장).

우리는 하나님의 영광을 위해 살아야 합니다.

02문 더워드요리문답

하나님께서 우리가 목적에 맞게 살게 하려고
우리에게 주신 것은 무엇입니까?

성경에 기록된 하나님의 말씀입니다.[1]

---

1) 딤후 3:16; 엡 2:20; 요일 1:3-4.

WLC 3-4문답, WSC 2문답.

TWC _ **말씀**

오직 이것을 기록함은 너희로 예수께서 하나님의 아들 그리스도
이심을 믿게 하려 함이요 또 너희로 믿고 그 이름을 힘입어 생명을
얻게 하려 함이니라   요한복음 20:31

하나님은 사울 왕에게 아말렉과 전쟁할 때, 사람과 짐승 모두를 죽이라고 명령하셨습니다. 하지만 사울 왕은 어떻게 했을까요? 그는 말씀에 순종하지 않고, 아말렉 왕과 좋은 짐승을 살려 두었습니다. 그 사실을 안 사무엘 선지자가 사울 왕을 책망하자, 사울 왕은 하나님께 바치려고 좋은 것을 남겨두었다고 핑계를 댔습니다. 그러나 하나님은 순종하지 않은 사울을 버려, 왕이 되지 못하게 하셨습니다. 왜냐하면 하나님께서는 우리 생각에 좋은 것이 아니라, 하나님의 말씀대로 행할 때 영광 받으시기 때문입니다(삼상 15장).

우리는 오직 성경을 통해 하나님을 영화롭게 하는 방법을 알 수 있습니다.

THEWORDCATECHISM

03문 더워드요리문답

성경은 무엇을 가르치고 있습니까?

첫째, 사람이 하나님에 대하여 무엇을 믿을 것이며,
둘째, 하나님께서 사람에게 원하시는 것이
무엇인지입니다.[1]

---

1) 딤후 1:13; 딤후 3:16.
WLC 5문답, WSC 3문답.

TWC _ **말씀**

모든 성경은 하나님의 감동으로 된 것으로 교훈과 책망과 바르게
함과 의로 교육하기에 유익하니 17 이는 하나님의 사람으로 온전
하게 하며 모든 선한 일을 행할 능력을 갖추게 하려 함이라 디모데
후서 3:16-17

디모데 목사의 교회에는 제멋대로 사는 사람들이 있었습니다. 교회에 다니면서도 하나님을 바르게 섬기지 않았습니다. 이럴 때는 어떻게 해야 할까요? 바울 사도는 디모데 목사에게 편지를 써서, 성경을 더 열심히 가르치라고 합니다. 성경을 배우면, 하나님을 알 수 있고 하나님이 기뻐하시는 일이 무엇인지도 잘 알 수 있기 때문입니다. 성경을 배워야 하나님이 기뻐하는 선한 일을 할 수 있습니다(딤후 3장).

우리는 성경을 통해 하나님과 그의 뜻을 가르침 받습니다.

THEWORDCATECHISM

하나님은 어떠한 분이십니까?

4-6문답

04문 더워드요리문답

하나님은 어떤 분이십니까?

하나님은 참 신이십니다.[1]

그는 완전하시고 영원히 변함없는 분이십니다.[2]

---

1) 요 4:24. 2) 욥 11:7-9; 시 90:2, 147:5; 약 1:17; 출 3:14, 34:6-7; 계 4:8, 15:4.

WLC 6-7문답, WSC 4문답.

TWC _ **말씀**

하나님은 영이시니 예배하는 자가 신령과 진정으로 예배할지니라

요한복음 4:24

수가에서 예수님은 사마리아 여자를 만났습니다. 예수님이 선지자라고 생각한 여자는 궁금하게 생각하던 일을 물었습니다. "예배는 그리심 산에서 드려야 합니까? 시온산에서 드려야 합니까?" 예수님은 예배의 장소는 중요하지 않다 하셨습니다. "하나님은 영이시기 때문에 예배하는 사람이 영과 진리로 예배해야 한다."라고 말씀하셨습니다. 하나님이 영이라는 말은 하나님은 참된 신이라는 뜻입니다. 진리의 성령님께로부터 하나님만이 참된 신이라는 사실을 배울 때 우리는 하나님을 예배할 수 있게 됩니다(요 4:1~26).

TWC _ 고백

하나님은 참 신이십니다.

TWC _ 결단

05문 더워드요리문답

하나님 한 분 외에 다른 신이 있습니까?

오직 하나님 한 분밖에 없습니다.[1]

---

1) 신 6:4; 렘 10:10.
WLC 8문답, WSC 4-5문답.

TWC _ **말씀**

이스라엘아 들으라. 우리 하나님 여호와는 오직 하나인 여호와시
니 신명기 6:4

애굽 사람들은 많은 신을 섬겼습니다. 나일강의 신, 태양의 신, 죽음의 신, 심지어 개구리 신도 있다고 믿었습니다. 하나님은 그런 애굽에 재앙을 내렸습니다. 나일강을 피로 변하게 하셔서, 나일강도 하나님이 다스린다고 알려주셨습니다. 애굽을 깜깜하게 하셔서, 태양도 하나님이 다스린다고 알려주셨습니다. 그렇다면 하나님께서는 애굽 신들을 상징하는 것들에게 재앙을 내리시며 무엇을 가르치셨을까요? 열 가지 재앙을 통해 하나님이 모든 것을 다스린다고 알려주셨습니다. 다른 신은 없습니다. 하나님이 모든 것을 만드시고, 다스리는 유일한 신입니다(출 7~11장).

하나님은 오직 한 분이십니다.

06문 더워드요리문답

하나님은 또한 세분 아닙니까?

아닙니다. 하나님은 한 분이시지만,
동시에 아버지 하나님, 아들 하나님, 성령 하나님,
삼위로 계십니다.[1]
이 삼위 하나님은 동등하십니다.[2]

---

1) 요일 5:7; 마 3:16-17; 엡 1:4-11. 2) 마 28:19; 고후 13:13.
WLC 9-11문답; WSC 6문답.

TWC _ 말씀

그러므로 너희는 가서 모든 족속으로 제자를 삼아 아버지와 아들
과 성령의 이름으로 세례를 주고   마태복음 28:19

예수님께서는 요단강에서 세례 요한에게 세례를 받으셨습니다. 예수님께서 세례를 받고 물에서 올라오실 때, 하늘에서 어떤 소리가 들렸습니까? "너는 내 사랑하는 아들이라 내가 너를 기뻐하노라."는 하나님의 소리가 들렸습니다. 그리고 성령님이 비둘기처럼 예수님에게 내려오셨습니다. 목소리는 성부 하나님의 것이고, 세례 받으신 분은 아들(성자) 하나님입니다. 비둘기처럼 오신 분은 성령 하나님이십니다. 하나님은 한 분인데, 위격은 셋입니다(마 3장).

하나님은 삼위일체로 존재하십니다.

THEWORDCATECHISM

하나님의 계획은 무엇입니까?

7-11문답

07문 더워드요리문답

하나님의 계획은 무엇입니까?

하나님의 계획은
그분의 뜻대로 미리 정하신 영원한 행위입니다.[1]
하나님께서는 그의 계획을 창조와 섭리로 이루십니다.[2]

1) 엡 1:4, 11; 롬 9:22-23. 2) 시 33:11.
WLC 12-14문답; WSC 7-8문답.

TWC _ 말씀

만군의 여호와께서 맹세하여 가라사대 나의 생각한 것이 반드시
되며 나의 경영한 것이 반드시 이루리라 이사야 14:24

하나님의 아들 예수님이 세상에 오셨습니다. 그러나 유대인들은 예수님을 믿지 않았습니다. 도리어 로마 총독 빌라도의 힘을 빌려 예수님을 십자가에 못 박아 죽였습니다. 그렇다면 이들이 행한 못된 일도 하나님의 큰 계획 속에 포함되었을까요? 포함되었습니다. 예수님의 죽음과 부활을 통해 죄인을 구원하려는 하나님의 오래된 계획이 이루셨습니다. 모든 일은 하나님의 계획대로 이루어집니다 (행 2장).

TWC _ 고백

하나님은 이 세상의 모든 일을 계획하셨습니다.

TWC _ 결단

08문 더워드요리문답

창조는 무엇입니까?

하나님께서 오직 말씀으로
세상에 있는 모든 것을 지으신 일입니다.[1]

1) 창 1; 히 11:3; 잠 16:4.
WLC 15-16문답; WSC 9문답.

TWC _ 말씀

하나님이 그 지으신 모든 것을 보시니 보시기에 심히 좋았더라.
저녁이 되며 아침이 되니 이는 여섯째 날이니라 창세기 1:31

아침이 되면 어둠이 물러가고 빛이 세상을 지배합니다. 이 밝은 빛은 누가 만드셨나요? 하나님이 만드셨습니다. 하나님이 "빛이 있으라!" 말씀하시니 빛이 생겼습니다. 빛만 아니라 세상 모든 것을 하나님은 말씀으로 지으셨습니다. 첫째 날부터 여섯째 날까지 하나님은 세상 모든 것을 만드시고, 일곱째 날에는 안식하셨습니다. 말씀대로 창조된 온 세상은 하나님 보시기에 정말 선하고 아름다웠습니다(창 1장).

하나님은 온 세상을 만드셨습니다.

09문 더워드요리문답

하나님은 사람을 어떻게 지으셨습니까?

하나님께서는 그의 형상으로
남자와 여자를 지으셨습니다.[1]

---

1) 창 1:26-28; 골 3:10; 엡 4:24.
WLC 17문답; WSC 10문답.

TWC _ **말씀**

하나님이 자기 형상 곧 하나님의 형상대로 사람을 창조하시되 남
자와 여자를 창조하시고 창세기 1:27

세상을 아름답게 만드신 하나님은 제일 마지막에 사람을 만드셨습니다. 어떻게 만드셨을까요? 먼저 흙으로 남자를 지으셨습니다. 그리고 코에 생기를 불어넣어 주셨습니다. 그다음 남자의 옆구리에서 갈비뼈 하나를 떼 내어 여자를 지으셨습니다. 방법은 조금 달랐지만, 남자와 여자 모두 하나님의 형상으로 지었습니다. 하나님이 주신 지혜롭고 착한 마음으로 하나님을 예배하며, 하나님의 뜻대로 세상을 다스리라고 그의 형상으로 만드셨습니다(창 1~2장).

TWC _ **고백**

하나님께서는 자신의 형상으로 사람을 지으셨습니다.

TWC _ **결단**

THEWORDCATECHISM

10문 더워드요리문답

하나님께서는
그가 창조한 세상을 어떻게 하십니까?

하나님께서는 모든 만물을 돌보고 다스리십니다.[1]
그것을 가리켜 하나님의 섭리라 합니다.

1) 시 103:19, 104:24, 145:17; 사 28:29; 마 10:29-31; 히 1:3.
WLC 18-19문답; WSC 11문답 .

TWC _ 말씀

참새 두 마리가 한 앗사리온에 팔리지 않느냐 그러나 너희 아버
지께서 허락하지 아니하시면 그 하나도 땅에 떨어지지 아니하리라
마태복음 10:29

요셉의 형들은 요셉을 미디안 상인에게 팔았습니다. 애굽으로 팔려간 요셉은 노예 생활도 하고, 감옥에 갇히기도 하는 등 많은 어려움을 겪었습니다. 그러다가 애굽 왕 바로의 꿈을 해석해주고, 애굽의 총리가 되었습니다. 나중에 형들이 애굽에 곡식을 사러 왔습니다. 요셉은 형들에게 복수할 힘이 있었지만, 복수하지 않습니다. 왜 그랬을까요? 형들이 자기를 팔아 어려움을 겪었지만, 그마저도 하나님의 다스림 속에서 일어난 일인 줄 믿었기 때문입니다(창 45장).

하나님께서는 모든 것을 다스리십니다.

THE WORD CATECHISM

11문 더워드요리문답

하나님께서 사람을
특별히 어떻게 섭리하셨습니까?

하나님께서는 사람과 생명 언약을 맺으시며
완전한 순종을 요구하셨습니다.[1]

---

1) 갈 3:12; 창 2:17.
WLC 20문답; WSC 12문답.

TWC _ **말씀**

여호와 하나님이 그 사람에게 명하여 이르시되 동산 각종 나무의
열매는 네가 임의로 먹되 17 선악을 알게 하는 나무의 열매는 먹
지 말라 네가 먹는 날에는 반드시 죽으리라 하시니라   창세기
2:16-17

하나님께서 첫 사람 아담과 하와를 지으셨을 때, 에덴에 동산을 만들어 거기 살게 하셨습니다. 그 동산 중앙에는 선악을 알게 하는 나무가 있었습니다. 하나님은 아담에게 그 나무에 대한 경고의 말씀을 주셨습니다. 어떤 경고였을까요? 이 나무 열매를 먹으면 죽는다 하셨습니다. 반대로 그 나무 열매만 먹지 않으면, 영원한 생명을 얻을 수 있었습니다. 하나님은 순종하는 자를 기뻐하시고 생명을 주십니다. 반면 불순종하는 사람은 하나님의 심판을 받게 됩니다(창 2장).

하나님께서는 우리에게 완전한 순종을 원하십니다.

THEWORDCATECHISM

인간의 죄와 타락은 무엇입니까?

12-14문답

12문 더워드요리문답

사람이 처음 지은 죄는 무엇입니까?

하나님께서 먹지 말라고 하신 열매를 먹어[1]
완전한 순종을 어긴 것입니다.[2]

---

1) 창 2:16-17; 롬 5:12; 고전 15:21-22 2) 창 3:6-8, 13; 전 7:29.
WLC 21-25문답; WSC 13-15문답.

TWC _ **말씀**

여자가 그 나무를 본즉 먹음직도 하고 보암직도 하고 지혜롭게
할 만큼 탐스럽기도 한 나무인지라 여자가 그 열매를 따먹고 자기
와 함께 있는 남편에게도 주매 그도 먹은지라 창세기 3:6

어느날 사탄이 뱀에게 들어가, 하와를 유혹했습니다. 선악을 알게 하는 나무의 열매를 먹어도 죽지 않고, 하나님처럼 지혜로워 진다고 했습니다. 뱀의 유혹을 받은 하와는 어떻게 반응했을까요? 그 유혹에 넘어가 나무 열매를 먹고, 자기와 함께 있는 남편 아담에게도 열매를 주어 먹게 하였습니다. 이렇게 하나님의 말씀에 불순종하는 것을 죄라고 합니다. 죄인은 약속대로 하나님의 벌을 받아, 반드시 죽을 수밖에 없습니다(창 3장).

사람은 먹지 말라 하신 선악과를 먹어 죄를 지었습니다.

13문 더워드요리문답

사람의 첫 죄의 결과는 무엇입니까?

아담 한 사람만 타락한 것이 아니라,

아담 이후 태어난 모든 사람이 타락케 되었습니다.[1]

---

1) 창 2:16-17; 롬 5:12; 고전 15:21-22.
WLC 26문답; WSC 16문답.

TWC _ 말씀

그러므로 한 사람으로 말미암아 죄가 세상에 들어오고 죄로 말미암아 사망이 들어왔나니 이와 같이 모든 사람이 죄를 지었으므로 사망이 모든 사람에게 이르렀느니라   로마서 5:12

아담과 하와는 가인과 아벨, 두 아들을 낳았습니다. 어느날 가인과 아벨이 하나님께 제사를 드렸습니다. 그들은 어떻게 제사를 드렸을까요? 가인은 믿음 없이 드렸고, 아벨은 믿음으로 드렸습니다. 하지만 하나님께서는 아벨의 제사만 받으셨습니다. 화가 난 가인은 아벨을 죽여버렸습니다. 가인뿐 아니라 아담과 하와 이후로 태어난 모든 사람이 죄를 짓습니다. 왜냐하면, 첫 범죄 이후에 모든 사람이 아담의 타락한 마음을 물려받기 때문입니다(창 4장).

아담의 죄로 모든 사람이 타락케 되었습니다.

14문 더워드요리문답

타락한 사람은 어떻게 비참해졌습니까?

모든 사람이 타락하여 하나님과 교제가 끊어졌고,[1]
죄로 인해 하나님의 진노 아래 있게 되었습니다.[2]
그리고 결국 죽어 영원한 지옥에 가게 됩니다.[3]

---

1) 창 3:8-10, 24. 2) 엡 2:2-3; 갈 3:10. 3) 애 3:39; 롬 6:23; 마 25:41-46.
WLC 27-29문답; WSC 17-19문답.

TWC _ 말씀

여호와 하나님이 에덴 동산에서 그를 내보내어 그의 근원이 된 땅을 갈게 하시니라 창세기 3:23

아담의 자손들 중에 900살이 넘게 산 사람이 많습니다. 아담도 930살을 살았습니다. 가장 오래 산 사람은 므두셀라인데, 969살까지 살았습니다. 그들 모두가 지금보다는 오래 살았지만, 결국 어떻게 되었을까요? 모두 죽었습니다. 죽지 않고 영원히 사는 사람은 없습니다. 모두가 죄인이고, 죄의 대가는 죽음이기 때문입니다(창 5장).

타락한 사람은 죽음에 이르도록 비참해졌습니다.

하나님의 구원 사역은 무엇입니까?

15-23문답

15문 더워드요리문답

하나님께서는 모든 사람이
비참하게 영원한 벌을 받도록 두셨습니까?

하나님께서는 오직 그의 은혜로 선택한 사람들을[1]
죄와 비참에서 구원하사 영생에 이르게 하셨습니다.[2]

1) 엡 1:4. 2) 롬 3:20-22; 갈 3:21-22.
WLC 30문답; WSC 20문답.

TWC _ **말씀**

곧 창세 전에 그리스도 안에서 우리를 택하사 우리로 사랑 안에서 그 앞에 거룩하고 흠이 없게 하시려고 5 그 기쁘신 뜻대로 우리를 예정하사 예수 그리스도로 말미암아 자기의 아들들이 되게 하셨으니 에베소서 1:4-5

바울과 바나바는 함께 선교여행을 다녔습니다. 안디옥에 가서도 복음을 전했습니다. 바울과 바나바가 소식을 듣고 모인 사람들에게 힘차게 예수님의 복음을 전하였을 때, 어떤 일이 일어났을까요? 유대인뿐 아니라 이방인들 중에도 예수님을 믿는 사람이 많았습니다. 그들은 하나님이 구원하려고 선택한 사람들이었습니다(행 13장).

TWC _ **고백**

하나님께서는 그가 선택하신 사람들을 구원하십니다.

TWC _ **결단**

16문 더워드요리문답

하나님께서는 누구를 통해
그가 선택하신 자들을 구원하십니까?

예수 그리스도이십니다.[1]

예수님은 참 하나님이신 동시에 참 사람이십니다.[2]

---

1) 딤전 2:5-6. 2) 요 1:14; 갈 4:4; 롬 9:5; 눅 1:35; 골 2:9; 히 7:24-25.
WLC 36문답; WSC 21문답.

TWC _ **말씀**

하나님은 한 분이시요 또 하나님과 사람 사이에 중보자도 한 분
이시니 곧 사람이신 그리스도 예수라 6 그가 모든 사람을 위하여
자기를 대속물로 주셨으니 기약이 이르러 주신 증거니라 디모데전서
2:5-6

예수님의 제자들은 예루살렘에서 복음을 전했습니다. 하지만 유대 지도자들은 자신들이 십자가에 못 박아 죽인 예수님이 다시 살아났다고 가르치는 제자들이 싫었습니다. 그래서 어떻게했을까요? 그들을 감옥에 가두었습니다. 다음날 유대의 높은 사람들이 다 모인 자리에서 제자들은 재판을 받았습니다. 제자 중 한 사람, 베드로는 거기서도 힘껏 예수님을 전했습니다. "예수님 말고 다른 구원자는 없습니다. 오직 예수님만이 하나님이 우리에게 보내신 구원자입니다."(행 4장).

하나님은 예수님을 통해 구원하십니다.

17문 더워드요리문답

하나님의 아들이신 그리스도는
어떻게 사람이 되셨습니까?

예수님께서는 성령님으로 잉태되어
마리아에게서 태어나셨지만,[1] 죄는 없으십니다.[2]

1) 눅 1:27, 31, 35, 42; 갈 4:4. 2) 히 4:15; 히 7:26.
WLC 37문답; WSC 22문답.

TWC _ **말씀**

천사가 대답하여 이르되 성령이 네게 임하시고 지극히 높으신 이
의 능력이 너를 덮으시리니 이러므로 나실 바 거룩한 이는 하나님
의 아들이라 일컬어지리라 누가복음 1:35

요셉은 자기와 정혼한 마리아가 임신했다는 소식을 듣고 괴로웠습니다. 아직 결혼도 안 했는데, 임신을 했다니 어떻게 된 일일까요? 착한 요셉은 사람들에게 알리지 않고 가만히 관계를 끊으려고 했습니다. 그때 꿈에 천사가 나타나, 마리아가 성령님의 능력으로 임신했다고 알려주었습니다. 성령님의 큰 능력이 마리아를 덮었기 때문에 아기는 죄의 영향을 받지 않았습니다. 마리아 배속의 아기는 바로 예수님이십니다(마 1장).

그리스도는 사람이 되셨지만 죄는 없으십니다.

18문 더워드요리문답

하나님의 아들이신 그리스도는
왜 사람이 되셔야 했습니까?

하나님께서 우리를 구원할 다른 방법이 없기 때문입니다.
왜냐하면 우리가 하나님의 법아래 놓여 있으면서
죄를 범했기 때문입니다.[1]

1) 히 2:14, 16, 7:24, 25, 4:15; 갈4:4-5.
WLC 38-39문답; WSC 22문답.

TWC _ 말씀

때가 차매 하나님이 그 아들을 보내사 여자에게서 나게 하시고
율법 아래에 나게 하신 것은 5 율법 아래에 있는 자들을 속량하시
고 우리로 아들의 명분을 얻게 하려 하심이라 갈라디아서 4:4-5

세례 요한은 요단강에서 세례를 베풀고 있었습니다. 그때 그는 예수님께서 자기에게 나오는 것을 보았습니다. 요한은 사람들에게 예수님을 누구라 소개했을까요? "보라 세상 죄를 지고 가는 하나님의 어린 양이로다." 하였습니다. 구약 시대 죄지은 사람을 대신해 제물로 바쳐졌던 양처럼, 예수님은 하나님의 법을 어긴 우리 죄를 대신해 십자가에서 돌아가시려고 사람이 되셨습니다(요 1장).

그리스도는 우리의 구원을 위해 사람이 되셨습니다.

19문 더워드요리문답

그리스도께서는 구원자로서
무슨 일을 행하십니까?

예수님께서는 우리의 구원자로서
선지자, 제사장, 왕의 일을 행하셨습니다.[1]

---

1) 행 3:21-22; 고후 13:3; 히 5:5-7; 사 9:6; 마 21:5; 시 2:6.
WLC 41-42문답; WSC 23문답.

TWC _ **말씀**

주의 성령이 내게 임하셨으니 이는 가난한 자에게 복음을 전하게
하시려고 내게 기름을 부으시고 나를 보내사 포로 된 자에게 자유
를, 눈 먼 자에게 다시 보게 함을 전파하며 눌린 자를 자유롭게 하
고 19 주의 은혜의 해를 전파하게 하려 하심이라 하였더라   누가복
음 4:18-19

많은 사람이 예수님을 따랐지만 예수님을 바르게 아는 사람은 별로 없었습니다. 그래서 예수님은 제자들에게 "너희는 나를 누구라 하느냐?" 물으셨습니다. 그때 베드로가 "주는 그리스도시오 살아계신 하나님의 아들이십니다."라고 대답했습니다. 그리스도는 기름부음 받은 자라는 뜻인데, 구약 시대에는 선지자, 제사장, 왕에게 기름을 부어 하나님의 일꾼으로 삼았습니다. 예수님은 우리의 선지자, 제사장, 왕이십니다(마 16장).

그리스도는 선지자, 제사장, 왕의 일을 행하셨습니다.

20문 더워드요리문답

그리스도는 선지자 직분을
어떻게 행하십니까?

그리스도는 우리를 구원하시려는
하나님의 뜻을 성취하셨고,
지금도 그의 말씀과 성령으로 깨닫게 하십니다.[1]

---

1) 요 1:18; 벧전 1:10-12; 요 15:15; 요 20:31.
WLC 43문답; WSC 24문답.

TWC _ **말씀**

보혜사 곧 아버지께서 내 이름으로 보내실 성령 그가 너희에게
모든 것을 가르치고 내가 너희에게 말한 모든 것을 생각나게 하리
라   요한복음 14:26

예수님이 산에 올라가셨을 때, 제자들이 예수님께 왔습니다. 예수님은 산 위에서 제자들을 가르쳤습니다. 바로 그 산 위에서 전하신 보물 같이 귀한 말씀을 들은 무리들이 깜짝 놀랐습니다. 그 이유는 무엇일까요? 예수님은 하나님의 뜻을 다른 사람에게 배우지 않고, 스스로 아셨기 때문입니다. 예수님만이 하나님의 뜻을 온전히 알고 가르쳐주시는 선지자입니다(마 5~7장).

그리스도는 말씀과 성령으로 하나님의 뜻을 행하십니다.

21문 더워드요리문답

그리스도는 제사장 직분을
어떻게 행하십니까?

그리스도는 우리를 위해 자기 자신을 제물로 드려
우리의 모든 죄를 단번에 해결하사[1] 하나님과 화목케
하셨고,[2] 지금도 우리를 위해 항상 기도하십니다.[3]

1) 히 9:14, 28. 2) 히 2:17. 3) 히 7:24-25.
WLC 44문답; WSC 25문답.

TWC _ 말씀

오직 그리스도는 죄를 위하여 한 영원한 제사를 드리시고 하나님
우편에 앉으사 히브리서 10:12

구약 백성들은 자신들의 죄를 위해 끊임없이 반복해서 제사를 드려야 했습니다. 하지만 그 제사는 충분하지 못했습니다. 왜 그럴까요? 사람들이 계속해서 죄를 짓기 때문입니다. 이 세상에서 가장 거룩한 자라도 죄인이기 때문에 거룩하신 하나님을 두려워합니다. 그러나 예수님이 십자가에서 우리 죄의 벌을 다 받으셨습니다. 더 이상 반복할 필요 없이 단번에 영원한 제사를 드리셨습니다. 예수님을 믿으면 우리는 하나님과 화목하게 됩니다. 예수님은 하나님과 우리를 화목하게 하는 제사장입니다(사 6장).

그리스도는 자신을 통해 하나님과 화목케 하셨습니다.

THEWORDCATECHISM

22문 더워드요리문답

그리스도는 왕의 직분을
어떻게 행하십니까?

그리스도는 사탄 권세를 이기셨고,

지금도 우리를 자신에게 복종하게 하시고[1]

우리를 다스리시고[2] 원수들로부터 보호하십니다.[3]

1) 행 15:14-16. 2) 사 33:1-2; 33:22. 3) 고전 15:25.

WLC 45문답; WSC 26문답.

TWC _ **말씀**

아버지께서 아들에게 주신 모든 사람에게 영생을 주게 하시려고
만민을 다스리는 권세를 아들에게 주셨음이로소이다 요한복음 17:2

예수님이 십자가에 매달렸을 때, 빌라도는 십자가 위에 '유대인의 왕'이라는 명패를 달게 했습니다. 예수님이 스스로 유대인의 왕이라고 거짓말 했다는 뜻입니다. 과연 거짓말이었을까요? 예수님은 진짜 유대인의 왕이었습니다. 십자가의 죽음으로 예수님은 마귀의 머리를 부수고 승리하셨습니다. 마귀의 종인 죄인들을 자유롭게 하시려고, 마귀를 무찌르셨습니다. 마귀를 이긴 예수님은 지금도 우리를 다스리고 지켜주시는 우리의 왕입니다(마 27장).

그리스도는 우리를 다스리고 보호하십니다.

23문 더워드요리문답

그리스도는
어떻게 낮아지시고 높아지셨습니까?

그리스도는 사람이 되시고,[1] 온갖 고통을 겪으시고,[2]
죽으시고,[3] 무덤에 묻히기까지 낮아지셨습니다.[4]
그리스도는 사흘 만에 부활하시고,[5] 하늘에 오르사 하나님
오른 편에 앉으시고,[6] 다시 오시기까지 높아지셨습니다.[7]

1) 눅 2:7; 갈 4:4. 2) 히 12:2-3; 사 53:2-3. 3) 눅 22:44; 마 27:46;
빌 2:8. 4) 고전 15:3-4; 행 2:24-27, 31. 5) 고전 15:4. 6) 막 16:19;
엡 1:20. 7) 행 1:11; 행 17:31.
WLC 46-56문답; WSC 27-28문답.

TWC _ **말씀**

이는 하나님의 영광의 광채시요 그 본체의 형상이시라 그의 능력
의 말씀으로 만물을 붙드시며 죄를 정결하게 하는 일을 하시고 높
은 곳에 계신 지극히 크신 이의 우편에 앉으셨느니라   히브리서 1:3

사람들은 십자가에 못 박혀 돌아가신 예수님을 향해 나사렛 사람이라고 불렀습니다. 나사렛 사람이라는 말은 어떤 의미일까요? 출신이 천하다고 놀리는 말입니다. 그 별명처럼 예수님은 우리 죄를 사하시려고 죽기까지 낮아졌습니다. 그러나 하나님은 부활과 승천을 통해 예수님을 높이셨습니다. 하나님 오른편에 앉히셔서, 온 세상을 다스릴 권세를 주셨습니다. 높아지신 예수님은 우리 구원을 위해 기도하십니다. 예수님은 낮아지고 높아지셔서 우리 구원을 이루셨습니다(눅 1장).

그리스도는 죽으시기까지 낮아지셨다가 하나님 오른 편에 앉으시기까지 높아지셨습니다.

THEWORDCATECHISM

우리는 어떻게 구원 받습니까?

24-32문답

24문 더워드요리문답

우리는 그리스도께서 이루신 구원을
어떻게 얻을 수 있습니까?

성령님께서[1] 우리를 부르시고,
우리로 예수님을 믿게 하사, 예수님과 연합케 하시고,
구원을 우리에게 적용하셔서 우리는 구원 받습니다.[2]

1) 요 1:11-12. 2) 딛 3:5-6.
WLC 58; WSC 29문답.

TWC _ 말씀

나는 포도나무요 너희는 가지라 그가 내 안에, 내가 그 안에 거
하면 사람이 열매를 많이 맺나니 나를 떠나서는 너희가 아무 것도
할 수 없음이라   요한복음 15:5

베드로는 고넬료라는 이방인의 집에 방문했습니다. 하나님이 고넬료에게도 복음을 전하라 하셨기 때문입니다. 베드로는 고넬료 집 안의 모든 사람에게 예수님의 죽음과 부활을 전했습니다. 그때 무슨 일이 일어났습니까? 성령님이 말씀을 듣는 모든 사람에게 내려오셨습니다. 성령님의 능력으로 고넬료의 모든 식구가 예수님을 믿고 세례를 받았습니다. 성령님은 사람이 믿고 구원받게 하시는 분이십니다(행 10장).

성령님께서 우리에게 구원을 적용하십니다.

25문 더워드요리문답

성령님은 우리를 어떻게 부르십니까?

성령님은 우리가 죄인인 것과
심판 받아 마땅한 사람인 것을 알게 하시고[1]
우리의 마음과 의지를 새롭게 하셔서[2]
예수님을 믿도록 부르십니다.[3]

1) 행 2:37; 행 26:18. 2) 겔 36:26-27. 3) 요 6:44-45.
WLC 67-69문답; WSC 31문답.

TWC _ **말씀**

우리를 구원하시되 우리가 행한 바 의로운 행위로 말미암지 아니
하고 오직 그의 긍휼하심을 따라 중생의 씻음과 성령의 새롭게 하
심으로 하셨나니   디도서 3:5

오순절에 성령님이 찾아오시자, 베드로 사도는 힘껏 복음을 전했습니다. "당신들이 십자가에 못 박은 예수님이 그리스도입니다."라고 외치자, 마음이 찔린 사람들이 내뱉은 말이 무엇일까요? "우리가 어찌할꼬"하고 탄식했습니다. 성령님이 죄를 깨닫게 하신 겁니다. 그날 삼천 명이 회개하고 세례를 받았습니다. 성령님은 복음의 말씀으로 사람들의 죄를 깨닫게 하시고, 마음을 새롭게 하는 분이십니다(행 2장).

성령님은 우리를 새롭게 하사 예수님을 믿게 하십니다.

THEWORDCATECHISM

26문 더워드요리문답

부르심을 받은 자는
어떤 유익을 얻습니까?

부르심을 받은 자는 의롭다 하심,[1] 양자로 삼으심,[2]
거룩하게 하심, 그리고 다양한 유익을 얻습니다.[3]

1) 롬 8:30. 2) 엡 1:5. 3) 고전 1:26, 30.
WLC 69문답; WSC 32문답.

TWC _ **말씀**

또 미리 정하신 그들을 또한 부르시고 부르신 그들을 또한 의롭
다 하시고 의롭다 하신 그들을 또한 영화롭게 하셨느니라   로마서
8:30

사울은 예수님을 싫어해서 예수님 믿는 사람을 박해했습니다. 어느날 다메섹에도 예수님 믿는 사람이 있다는 소식을 듣고, 그 사람들을 잡으러 다메섹으로 향했습니다. 그 길에서 사울이 만난 분은 누구일까요? 예수님입니다. 사울에게 나타나신 예수님께서는 사울을 부르셨습니다. 예수님이 불러주셨기 때문에 사울은 구원을 얻었고, 복음을 전하는 사도가 되었습니다(행 9장).

우리는 구원으로 부르심 받았습니다.

27문

의롭다 하심은 무엇입니까?

의롭다 하심은 하나님께서 우리 모든 죄를 용서하사[1]
의롭게 여겨주시는 하나님의 은혜입니다.[2]

---

1) 롬 3:24-25; 롬 4:6-8. 2) 고후 5:19, 21.

WLC 70-73문답; WSC 33문답.

TWC _ 말씀

그리스도 예수 안에 있는 속량으로 말미암아 하나님의 은혜로 값
없이 의롭다 하심을 얻은 자 되었느니라   로마서 3:24

어느날 하나님이 아브람에게 말씀하셨습니다. "하늘을 별을 세어 보거라. 네 자손이 별처럼 많아질 것이다." 이 말씀에 아브람은 어떻게 반응했을까요? 아브람은 하나님을 믿었습니다. 아브람도 죄인 이고 실수가 많은 사람이었지만, 하나님은 아브람의 믿음을 보고 의롭다고 인정해주셨습니다. 아브람이 잘나서가 아니라, 그저 하나님의 말씀을 믿었기 때문에 은혜 베풀어 주셨습니다(창 15장).

우리는 하나님의 은혜로 의롭다 여겨집니다.

28문 더워드요리문답

양자로 삼으심은 무엇입니까?

양자로 삼으심은
하나님께서 예수님 때문에 우리를 그의 자녀로 삼으사
자녀의 모든 특권을[1] 누리게 하는
하나님의 은혜입니다.[2]

---

1) 요 1:12; 롬 8:17. 2) 요일 3:1.
WLC 74문답; WSC 34문답.

TWC _ 말씀

영접하는 자 곧 그 이름을 믿는 자들에게는 하나님의 자녀가 되
는 권세를 주셨으니 요한복음 1:12

예수님은 하나님의 독생자입니다. 독생자는 하나뿐인 아들이라는 뜻이지요. 예수님은 처음부터 하나님과 함께 계셨고, 처음부터 하나님의 사랑을 받은 아들입니다. 하지만 우리는 어떠합니까? 죄인입니다. 자녀가 아니라, 하나님의 원수로 살았습니다. 그런 우리가 하나님의 자녀가 된 것은 예수님 덕분입니다. 예수님을 믿는 사람에게만 하나님의 자녀가 되는 권세를 주겠다고 하셨습니다(요 1장).

우리는 하나님의 은혜로 그의 자녀가 되었습니다.

THEWORDCATECHISM

29문 더워드요리문답

거룩하게 하심은 무엇입니까?

거룩하게 하심은 새 사람이 된 우리를[1]

점점 죄인에서 의인으로 변화되어 살게 하는[2]

하나님의 은혜입니다.[3]

1) 엡 4:23-24. 2) 롬 6:4, 6; 롬 8:1. 3) 살후 2:13.

WLC 75문답; WSC 35문답.

TWC _ 말씀

그런즉 누구든지 그리스도 안에 있으면 새로운 피조물이라 이전 것은 지나갔으니 보라 새 것이 되었도다 고린도후서 5:17

예수님이 무덤에 묻혔을 때, 막달라 마리아는 다른 여인들과 함께 예수님의 시체에 향품을 바르러 갔습니다. 마리아는 일곱 귀신이 들렸던 사람이었는데, 예수님이 귀신을 쫓아주셨습니다. 마리아가 무덤에 도착했을 때, 예수님은 어디에 계셨을까요? 예수님은 이미 부활하셨습니다. 예수님은 시체가 보이지 않는다고 슬퍼하는 마리아를 만나주셨습니다. 귀신 들렸던 여인이, 예수님 부활의 증인이 되었습니다. 마리아는 하나님의 은혜로 거룩하게 된 사람입니다(막 16장).

우리는 하나님의 은혜로 거룩하게 되었습니다.

30문 더워드요리문답

구원받은 사람이 살아서 누리는 복은 무엇입니까?

하나님과 화평을 누리는 것과,[1]
어떤 어려움 속에서도 믿음을 잃어버리지 않고
끝까지 견디는 것입니다.[2]

1) 롬 5:1-2, 5. 2) 요일 5:13; 벧전 1:5.
WLC 79-80문답; WSC 36문답.

TWC _ 말씀

하나님의 나라는 먹는 것과 마시는 것이 아니요 오직 성령 안에 있는 의와 평강과 희락이라 로마서 14:17

바울은 복음을 전하다가 감옥에 갇혔습니다. 어쩌면 사형선고를 받을지도 모르는 상황이었습니다. 그렇게 힘든 상황에서도 바울은 그저 슬퍼만 하지 않았습니다. 오히려 기뻐했습니다. 심지어 사는 것 보다, 죽는 일이 더 좋다고 말하기도 했습니다. 왜 그랬을까요? 왜냐하면, 예수님을 믿는 사람이 죽으면 세상을 떠나 예수님과 함께 머물기 때문입니다. 구원을 확신했기 때문에 바울은 어떤 어려움도 견딜 수 있었습니다(빌 1장).

우리의 구원은 확실합니다.

31문

구원받은 사람이 죽을 때 누리는 복은 무엇입니까?

구원받은 사람의 영혼은 완전히 거룩하게 되어[1]
하나님의 영광에 들어가고,[2]
그의 몸은 죽어 부활의 때까지 무덤에서 쉽니다.[3]

1) 히 12:23. 2) 고후 5:1, 6, 8; 빌 1:23; 눅 23:43. 3) 사 57:2.
WLC 86문답; WSC 37문답.

TWC _ 말씀

예수께서 이르시되 내가 진실로 네게 이르노니 오늘 네가 나와 함께 낙원에 있으리라 하시니라 누가복음 23:43

예수님이 십자가에 못 박혔을 때, 예수님 오른편과 왼편에는 강도들이 매달려 있었습니다. 그중 한 사람은 끝까지 예수님을 욕했지만, 다른 한 사람은 예수님을 믿게 되었습니다. 예수님을 믿은 강도가 예수님께 부탁합니다. "천국에 들어가실 때 나를 기억해주세요" 그 부탁에 대한 예수님의 대답은 무엇입니까? 예수님께서는 "네가 나와 함께 낙원에 있으리라" 대답하십니다. 예수님을 믿는 사람은 죽는 즉시 천국에 갑니다(눅 23장).

우리는 죽는 즉시 천국에 갑니다.

32문 더워드요리문답

구원받은 사람이 부활할 때 누리는 복은
무엇입니까?

예수님이 다시 오실 때에 영광 중에 부활하여,[1]
심판 날에 죄 없다 인정받고[2]
영원토록 하나님을 즐거워하며 사는 것입니다.[3]

---

1) 고전 15:43. 2) 마 10:32; 25:23. 3) 요일 3:2; 고전 13:12; 살전 4:17-18.
WLC 90문답; WSC 38문답.

TWC _ **말씀**

그 후에 우리 살아 남은 자들도 그들과 함께 구름 속으로 끌어 올려 공중에서 주를 영접하게 하시리니 그리하여 우리가 항상 주와 함께 있으리라 데살로니가전서 4:17

사도 요한은 예수님을 전하다가 밧모섬으로 귀향을 갔습니다. 예수님께서는 밧모섬에 갇힌 요한에게 장래의 일을 보여 주었습니다. 요한은 자기가 본 것을 요한계시록에 기록했습니다. 장래 일을 본 요한은 소망 가운데 어떤 말을 외쳤을까요? "아멘 주 예수여 오시옵소서"라고 외쳤습니다. 예수님이 오시면, 악인들은 심판받고 성도들은 하나님과 영원히 함께 살 것이기 때문입니다(계 22장).

TWC _ **고백**

우리는 부활할 때 하나님과 영원히 함께 합니다.

TWC _ **결단**

하나님께서 우리에게 무엇을 요구하십니까?

33-41문답

33문 더워드요리문답

하나님께서 구원받은 사람에게 요구하시는 것은 무엇입니까?

사람이 하나님께서 보이신 뜻에
순종하는 삶을 사는 것입니다.[1]

1) 미 6:8; 삼상 15:22.
WLC 91문답; WSC 39문답.

TWC _ **말씀**

사람아 주께서 선한 것이 무엇임을 네게 보이셨나니 여호와께서
네게 구하시는 것은 오직 정의를 행하며 인자를 사랑하며 겸손하게
네 하나님과 함께 행하는 것이 아니냐   미가 6:8

사도들은 복음을 전하다가 감옥에 갇혔습니다. 그러나 천사가 감옥 문을 열고 끌어내, 성전에 가서 복음을 전하라 했습니다. 제사장들과 사두개인이 다시 사도들을 잡아와 말했습니다. "우리가 예수를 전하지 말라고 하지 않았느냐?" 그때 사도들의 대답이 무엇이었습니까? "사람 말을 듣는 것보다, 하나님께 순종하는 것이 당연합니다." 사도들은 채찍에 맞고 풀려났지만, 고난을 두려워하기 보다는 하나님의 말씀에 순종하며 계속 복음을 전했습니다(행 5장).

우리는 순종하며 살아야 합니다.

34문 더워드요리문답

사람에게 보이신 순종의 규칙은 무엇입니까?

십계명입니다.[1]
하나님께서는 십계명을 도덕의 법칙으로
우리에게 주셨습니다.[2]

1) 신 10:4; 마 19:17. 2) 롬 2:14-15; 롬 10:5.
WLC 92-99문답; WSC 40-41문답.

TWC _ **말씀**

여호와께서 그의 언약을 너희에게 반포하시고 너희에게 지키라
명령하셨으니 곧 십계명이며 두 돌판에 친히 쓰신 것이라 신명기
4:13

모세는 출애굽한 이스라엘 백성을 데리고 시내산에 도착했습니다. 이스라엘 백성은 산 아래에 기다리고, 모세만 시내산 위로 올라갔습니다. 하나님은 시내산에서 모세를 만나 돌판에 새겨 주신 것이 무엇일까요? 십계명입니다. 이스라엘은 이제 하나님의 백성이 되었기 때문에, 하나님의 법을 지키며 살아야 했습니다. 돌판에 새겨진 열 가지 계명은 이스라엘과 하나님을 섬기는 모든 사람이 순종해야 할 규칙입니다(출 20장).

우리에게 십계명은 순종의 규칙입니다.

35문 더워드요리문답

하나님께서 요구하시는

첫째 되는 계명은 무엇입니까?

우리의 마음과 목숨과 뜻을 다하여

나의 하나님을 사랑하는 것입니다.[1]

---

1) 눅 10:27.

WLC 102-121문답; WSC 42, 45-62문답.

TWC _ 말씀

너는 마음을 다하고 뜻을 다하고 힘을 다하여 네 하나님 여호와

를 사랑하라 신명기 6:5

한 바리새인이 예수님을 자기 집에 초대했습니다. 유대인들은 손님을 초대하면 발 씻을 물을 주는 게 예의였는데, 그는 예수님께 발 씻을 물도 주지 않았습니다. 예수님을 귀한 손님으로 여기지 않았던 겁니다. 그렇다면 누가 예수님의 발을 씻겨주었을까요? 그 동네에 사는 죄를 지은 한 여자였습니다. 그녀는 눈물로 예수님의 발을 적셨습니다. 자기 머리털로 발을 닦고, 향기 나는 기름을 발에 부었습니다. 예수님을 많이 사랑했기 때문입니다. 바리새인보다 예수님을 사랑한 죄인이 더 예수님을 기쁘시게 했습니다(눅 7장).

TWC _ **고백**

나는 하나님을 최고로 사랑합니다.

TWC _ **결단**

THEWORDCATECHISM

36문 더워드요리문답

하나님께서 요구하시는
둘째 되는 계명은 무엇입니까?

우리가 하나님을 사랑하듯이 나의 이웃을 나 자신 같이
사랑하는 것입니다. 하나님 사랑과 이웃 사랑은
성경에서 가장 중요하게 말하는 가르침입니다.[1]

---

1) 마22:39, 7:12.
WLC 122-148문답; WSC 42, 63-81문답.

TWC _ 말씀

대답하여 이르되 네 마음을 다하며 목숨을 다하며 힘을 다하며
뜻을 다하여 주 너의 하나님을 사랑하고 또한 네 이웃을 네 자신
같이 사랑하라 하였나이다   누가복음 10:27

베들레헴에 사는 보아스는 하나님의 율법을 잘 지키는 사람이었습니다. 어느 날 보아스의 밭에 룻이라는 가난한 이방 여자가 떨어진 곡식을 주우러 왔습니다. 이를 본 보아스는 어떻게 했을까요? 보아스는 일부러 곡식을 땅에 떨어뜨려 룻이 더 많은 곡식을 주워 가도록 도와주었습니다. 이웃을 사랑하라는 하나님의 율법을 실천한 겁니다. 보아스는 나중에 룻과 결혼하는데, 먼 훗날 예수님께서 이 두 사람의 후손으로 태어났습니다. 이웃을 사랑한 보아스는 예수님의 조상이 되는 복을 받았습니다(룻 2~4장).

우리는 이웃을 나 자신같이 사랑합니다.

37문 더워드요리문답

우리는 하나님의 계명을
완전히 지킬 수 있습니까?

지킬 수 없습니다.[1]

오히려 날마다 죄를 더할 뿐입니다.[2]

---

1) 전 7:20; 요일 1:8, 10; 갈 5:17. 2) 창 6:5; 창 8:21; 롬 3:9-21; 약 3:2-13.
WLC 149문답; WSC 82문답.

TWC _ 말씀

선을 행하고 전혀 죄를 범하지 아니하는 의인은 세상에 없기 때문이로다   전도서 7:20

다윗은 이스라엘 역사에서 가장 위대한 왕이었습니다. 하나님을 사랑해서 찬송가도 많이 지었습니다. 그런데 어느 날 다윗은 우리아의 아내 밧세바가 목욕하는 모습을 보고 못된 마음을 먹었습니다. 그는 왕의 힘을 사용해서 어떠한 일까지 했을까요? 다윗은 밧세바를 불러 함께 잠자고, 밧세바의 남편 우리아는 위험한 전쟁터로 보내 죽게 했습니다. 나중에 나단 선지자가 전해준 말씀을 듣고 회개했지만, 다윗 같이 훌륭한 사람도 항상 하나님의 말씀에 순종하는 것은 아니었습니다. 모든 사람은 다 죄를 지으며 삽니다(삼하 11장).

우리는 하나님의 계명을 다 지킬 수 없음을 인정해야 합니다.

THEWORDCATECHISM

38문 더워드요리문답

죄를 지은 자에게는
어떠한 일이 일어납니까?

죄를 지은 사람은 이 세상과 오는 세상에서
하나님께 영원한 벌을 받습니다.[1]

---

1) 엡 5:6; 갈 3:10; 애 3:39; 마 25:41.
WLC 152문답; WSC 84문답.

TWC _ **말씀**

또 왼편에 있는 자들에게 이르시되 저주를 받은 자들아 나를 떠
나 마귀와 그 사자들을 위하여 예비된 영원한 불에 들어가라 마태
복음 25:41

어떤 부자가 날마다 사치스럽게 즐기며 살았습니다. 그는 자기 집 대문 앞에 있는 병든 거지 나사로에게 관심도 없었습니다. 이웃을 사랑하라는 하나님의 말씀을 무시하는 사람이었습니다. 부자는 죽어서 지옥에 갔고, 나사로는 죽어 천국에 갔습니다. 천국에서 나사로를 안고 있는 아브라함을 본 부자는 한 가지 부탁을 합니다. 무엇을 부탁했을까요? 나사로의 손을 통한 물 한 방울이었습니다. 하지만 천국과 지옥 사이에는 서로 건널 수 없는 구렁텅이가 있었습니다. 죄를 지으며 사는 사람은 부자처럼 영원한 지옥의 형벌을 받습니다(눅 16장).

우리가 죄를 지으면 영원한 벌이 주어집니다.

THEWORDCATECHISM

39문 더워드요리문답

하나님의 영원한 벌을 피하려면
어떻게 피할 수 있습니까?

죄의 결과로 하나님의 벌을 피하기 위해서는
예수 그리스도를 믿고
생명에 이르는 회개를 해야 합니다.[1]

1) 행 20:21.
WLC 153문답; WSC 85문답.

TWC _ 말씀

너희는 귀를 기울이고 내게로 나아와 들으라 그리하면 너희의 영혼이 살리라 내가 너희를 위하여 영원한 언약을 맺으리니 곧 다윗에게 허락한 확실한 은혜이니라 이사야 55:3

세리장이요 부자인 삭개오는 예수님께서 여리고를 방문한다는 소식을 들었습니다. 키가 작았던 삭개오는 예수님께서 지나가시는 길목의 한 나무에 올라가 예수님을 기다렸습니다. 예수님께서 나무 위 삭개오 앞에 서시고서는 그의 집에 가기를 청하였습니다. 그때 나무에서 내려온 삭개오는 어떤 모습을 보였을까요? "내 소유의 절반을 가난한 자들에게 주겠사오며 만일 누구의 것을 속여 빼앗은 일이 있으면 네 갑절이나 갚겠나이다." 그가 보일 수 있는 최고의 회개였습니다. 그러자 예수님께서 "오늘 구원이 이 집에 이르렀다" 하셨습니다(눅 19장).

우리는 예수님을 믿어 영원한 벌을 피해야 합니다.

40문 더워드요리문답

예수 그리스도를 믿는 것은 무엇입니까?

예수 그리스도를 믿는 것은
구원을 얻기 위해 예수님을 영접하고
그를 의지하는 것입니다.[1]

1) 히 10:39; 요 1:12; 사 26:3-4; 빌 3:9; 갈 2:16.
WLC 72-73문답; WSC 86문답.

TWC _ 말씀

영접하는 자 곧 그 이름을 믿는 자들에게는 하나님의 자녀가 되
는 권세를 주셨으니 요한복음 1:12

에디오피아 내시가 예루살렘에서 하나님을 예배하고, 돌아가는 길에 수레 위에서 소리 내어 성경을 읽고 있었습니다. 성경 어느 부분을 읽고 있었을까요? 내시는 예수님의 십자가 죽음을 예언한 이사야서를 읽고 있었습니다. 빌립은 성령님께 이끌려 내시에게 다가가, 무슨 뜻인지 아느냐고 물었습니다. 내시는 모르니 가르쳐 달라 하였습니다. 빌립은 그 구절에서 시작해서 복음을 전했습니다. 그러자 내시는 예수님을 믿고 세례를 받았습니다. 하나님이 이방인 내시에게도 은혜를 주셔서 그 마음에 예수님을 영접하게 하셨던 겁니다(행 8장).

우리는 예수님을 믿어야 합니다.

41문 더워드요리문답

생명에 이르는 회개는 무엇입니까?

회개는 죄인이 자신의 죄를 알고,[1] 슬퍼하고, 미워하여
그 죄에서 떠나 하나님께 돌아가는 것입니다.[2]
하나님께서는 회개하는 자를 용서하시고
구원의 은혜를 베푸십니다.[3]

---

1) 행 2:37-38. 2) 욜 2:12; 렘 3:22; 렘 31:18-19; 겔 36:31; 고후 7:11; 사 1:16-17. 3) 행 11:18.
WLC 76문답; WSC 87문답.

TWC _ **말씀**

그들이 이 말을 듣고 잠잠하여 하나님께 영광을 돌려 이르되 그 러면 하나님께서 이방인에게도 생명 얻는 회개를 주셨도다 하니라
사도행전 11:18

바리새인과 세리가 기도하러 성전에 올라갔습니다. 바리새인이 하나님께 올려드린 기도는 "이 세리와 같지 아니함을 감사하나이다"였습니다. 그렇다면 바리새인이 죄인 취급하고 조롱한 세리는 어떻게 기도했을까요? 그는 멀리 서서 감히 눈을 들어 하늘을 쳐다보지도 못하고 다만 가슴을 치며 기도하였습니다. "하나님이여 불쌍히 여기소서 나는 죄인이로소이다." 예수님께서 의롭다 인정한 자는 바리새인이 아니라 세리였습니다(눅 18장).

우리는 생명에 이르는 회개를 해야 합니다.

THEWORDCATECHISM

더워드요리문답

우리는 어떻게 은혜를 받습니까?

42-52문답

42문 더워드요리문답

그리스도께서 구원의 유익을 위해
우리에게 주신 방법은 무엇입니까?

하나님의 말씀과 성례와 기도입니다.[1]

---

1) 마 28:19-20; 행 2:42, 46-47.
WLC 154문답; WSC 88문답.

TWC _ **말씀**

그러므로 너희는 가서 모든 민족을 제자로 삼아 아버지와 아들과
성령의 이름으로 세례를 베풀고 20 내가 너희에게 분부한 모든 것
을 가르쳐 지키게 하라 볼지어다 내가 세상 끝날까지 너희와 항상
함께 있으리라 하시니라 마태복음 28:19-20

제자들은 예수님이 부활하셨다는 소식을 믿지 못했습니다. 두 제자가 엠마오로 갈 때, 부활하신 예수님이 앞에 나타나셨는데 알아보지도 못했습니다. 예수님은 성경을 통해 예수님의 고난과 부활을 가르쳐주셨습니다. 저녁을 먹을 때는 떡을 떼어 감사기도 하시고 제자들에게 나누어주셨습니다. 그 식사가 무엇이었을까요? 작은 성찬식이었습니다. 그때 제자들의 눈이 밝아져 예수님을 알아보게 되었습니다. 하나님은 말씀과 기도와 성찬을 통해 제자들에게 은혜를 베풀어, 예수님을 알아보게 하셨습니다(눅 24장).

우리는 하나님의 말씀과 성례와 기도로 구원의 은혜를 받습니다.

43문 더워드요리문답

말씀이 어떻게 은혜의 도구가 됩니까?

하나님은 말씀, 특히 말씀의 설교를 사용하여
우리로 믿어 구원에 이르는 은혜를 주십니다.[1]

---

1) 느 8:8; 고전 14:24-25; 행 26:18; 시 19:8; 행 20:32; 롬 15:4; 딤
후 3:15-17; 롬 10:13-17; 롬 1:16.
WLC 155문답; WSC 89문답.

TWC _ 말씀

또 어려서부터 성경을 알았나니 성경은 능히 너로 하여금 그리스
도 예수 안에 있는 믿음으로 말미암아 구원에 이르는 지혜가 있게
하느니라   디모데후서 3:15

바울 일행은 전도여행을 다니다가 빌립보에 도착했습니다. 안식일이 되어 기도할 곳을 찾다가, 강가에 모여 있는 여자들을 만나 말씀을 전했습니다. 여자들 중에 루디아도 있었는데, 값비싼 옷감을 파는 사람이었습니다. 바울이 말씀을 전할 때, 루디아에게 어떤 일이 일어났을까요? 예수님께서 루디아의 마음을 열어 하나님의 말씀을 믿게 하셨습니다. 하나님은 말씀을 통해 사람에게 구원 받는 지혜를 얻도록 은혜를 베푸십니다(행 16장).

우리는 하나님의 말씀을 통해 구원에 이르는 지혜를 얻습니다.

44문 더워드요리문답

말씀을 어떻게 읽고 들어야
신앙이 자랍니까?

우리는 말씀을 기도로[1] 준비하고,[2] 집중하여 듣고,[3]
우리의 생활에서 믿음으로 실천해야 합니다.[4]

---

1) 시 119:18. 2) 잠 8:34; 벧전 2:1-2. 3) 히 4:2; 살후 2:10. 4) 시
119:11. 6) 눅 8:15; 약 1:25.
WLC 156-160문답; WSC 90문답.

TWC _ 말씀

누구든지 내게 들으며 날마다 내 문 곁에서 기다리며 문설주 옆
에서 기다리는 자는 복이 있나니   잠언 8:34

농부가 씨를 뿌렸습니다. 어떤 씨는 길가에 떨어졌습니다. 그러자 새가 와서 씨를 먹어 버렸습니다. 어떤 씨는 흙이 얕은 돌밭에 떨어졌습니다. 씨앗은 돌 때문에 뿌리를 깊이 박지 못하고, 햇빛에 말라 죽었습니다. 어떤 씨는 가시떨기 위에 떨어졌는데 가시가 자라는 것을 막아버렸습니다. 어떤 씨는 좋은 밭에 떨어졌습니다. 좋은 밭에 떨어진 씨는 어떻게 되었을까요? 많은 열매를 맺었습니다. 씨는 말씀이고 밭은 우리의 마음을 뜻합니다. 우리가 믿는 마음으로 말씀을 들을 때, 말씀이 열매를 맺습니다(마 13장).

TWC _ **고백**

우리는 믿음으로 말씀을 듣고 실천해야 합니다.

TWC _ **결단**

THEWORDCATECHISM

45문 더워드요리문답

성례가 어떻게 은혜의 도구가 됩니까?

성례는 그리스도께서 세우신 거룩한 예식으로
새 언약의 표와 인입니다.[1]
성례 자체나, 성례를 행하는 사람이 아니라,
오직 그리스도의 복 주심과[2] 성령의 일하심으로[3]
은혜의 도구가 됩니다.

1) 창 17:7, 10; 출 12; 고전 11:23, 26. 2) 벧전 3:21; 마 3:11; 고전 3:6-7. 3) 고전 12:13.
WLC 161-163문답; WSC 91-92문답.

TWC _ 말씀

나는 심었고 아볼로는 물을 주었으되 오직 하나님께서 자라나게 하셨나니 7 그런즉 심는 이나 물 주는 이는 아무 것도 아니로되 오직 자라게 하시는 이는 하나님뿐이니라 고린도전서 3:6-7

고린도 교회 사람들은 자꾸 편을 나누어 싸웠습니다. 어떤 사람은 나는 바울편이라고 하고, 어떤 사람은 나는 아볼로 편이라고 했습니다. 두 사람 모두 훌륭한 설교자였기 때문에 사람들은 바울과 아볼로를 추켜세웠습니다. 하지만 고린도교회의 참된 지도자는 누구일까요? 하나님이십니다. 바울과 아볼로의 설교를 사용하여, 사람들에게 은혜를 베푸신 분은 하나님이십니다. 하나님이 은혜주시지 않으면, 아무리 위대한 사람이라도 아무 것도 아닙니다(고전 3장).

우리는 오직 하나님을 통해 은혜를 받습니다.

46문

세례는 무엇입니까?

세례는 성부와 성자와 성령의 이름 안에서
물로 씻는 성례입니다.[1]
세례는 그리스도와 연합하고
주님의 것이 되기로 약속하는 것입니다.[2]

1) 마 28:19. 2) 롬 6:4; 갈 3:27.
WLC 165-167문답; WSC 94문답.

TWC _ **말씀**

누구든지 그리스도와 합하기 위하여 세례를 받은 자는 그리스도
로 옷 입었느니라 갈라디아서 3:27

예수님이 부활하신 후, 열한 제자가 갈릴리 어떤 산에서 예수님을 만났습니다. 예수님은 제자들에게 사람들을 제자로 삼으라하셨습니다. 사람들을 제자 삼는 방법은 무엇일까요? 그것은 바로 예수님이 가르친 말씀을 전하고, 성부와 성자와 성령의 이름으로 사람들에게 세례를 베푸는 것이라 하셨습니다(마 28장).

우리는 삼위 하나님의 이름으로 세례를 받습니다.

47문 더워드요리문답

성찬은 무엇입니까?

성찬은 빵과 포도주를 통해
예수님의 십자가를 기억하게 하는 성례입니다.[1]
성찬의 빵과 포도주를 먹는 사람은
오직 믿음으로 그리스도의 몸과 피에 참여하여서
영적인 양식을 얻게 됩니다.

1) 고전 11:23-26; 고전 10:16.
WLC 168-175문답; WSC 96문답.

TWC _ **말씀**

또 떡을 가져 감사 기도 하시고 떼어 그들에게 주시며 이르시되 이것은 너희를 위하여 주는 내 몸이라 너희가 이를 행하여 나를 기념하라 하시고 20 저녁 먹은 후에 잔도 그와 같이 하여 이르시되 이 잔은 내 피로 세우는 새 언약이니 곧 너희를 위하여 붓는 것이라 누가복음 22:19-20

TWC _ **스토리**

    예수님이 잡히기 전날 밤, 다락방에서 제자들과 식사 하셨습니다. 식사 도중에 떡과 포도주를 제자들에게 나눠주셨습니다. 떡은 예수님의 몸을 포도주는 예수님의 피를 뜻합니다. 이렇게 떡과 포도주를 나누어 먹으면서 무엇을 기념하는 것일까요? 우리를 구원하려고 십자가에서 돌아가신 예수님을 기념하는 것입니다. 이것을 성찬이라고 합니다. 성찬을 행할 때, 성령님은 우리와 예수님이 하나가 되게 하십니다(고전 11장; 요 6장).

TWC _ **고백**

우리는 성찬을 통해 그리스도와 하나가 됩니다.

TWC _ **결단**

48문 더워드요리문답

기도는 무엇입니까?

기도는 예수님의 이름으로[1]
우리의 소원을 하나님께 말하는 것입니다.[2]
우리는 하나님의 뜻에 맞는 것을 구하고,[3]
죄를 회개하고,[4] 감사하는 것입니다.[5]

---

1) 요 16:23. 2) 시 62:8. 3) 요일 5:14. 4) 시 32:5-6; 단 9:4. 5) 빌 4:6.
WLC 178-185문답; WSC 98문답.

TWC _ 말씀

그를 향하여 우리가 가진 바 담대함이 이것이니 그의 뜻대로 무엇을 구하면 들으심이라   요한일서 5:14

다니엘은 사자 굴에 던져졌다가 살아난 일이 있었습니다. 왜냐하면 다리오 왕 때 삼십일 동안 다리오 왕을 위한 기도 외에 다른 신이나 사람을 향한 기도를 금지하였기 때문입니다. 하지만 다니엘은 평소와 다름없이 하루 세 번씩 무릎꿇고 기도하였습니다. 다니엘은 무엇을 기도하였을까요? 다니엘의 하나님이신 여호와께 감사 기도를 올려드렸습니다. 죽음의 위협보다 하나님께 감사하는 것이 다니엘에게는 더 소중한 일이었기 때문입니다(단 6장).

우리는 기도로 우리의 소원을 구합니다.

THEWORDCATECHISM

49문 더워드요리문답

하나님께서 주신 기도의 규칙은 무엇입니까?

하나님의 모든 말씀이 우리에게 기도를 가르칩니다.[1]
특히 기도의 규칙은
예수님께서 가르치신 주기도에 잘 나타나 있습니다.[2]

1) 요일 5:14. 2) 마 6:9-13; 눅 11:2-4.
WLC 186-187문답; WSC 99문답.

TWC _ **말씀**

그러므로 너희는 이렇게 기도하라 하늘에 계신 우리 아버지여 이름이 거룩히 여김을 받으시오며 10 나라가 임하시오며 뜻이 하늘에서 이루어진 것 같이 땅에서도 이루어지이다 11 오늘 우리에게 일용할 양식을 주시옵고 12 우리가 우리에게 죄 지은 자를 사하여 준 것 같이 우리 죄를 사하여 주시옵고 13 우리를 시험에 들게 하지 마시옵고 다만 악에서 구하시옵소서 (나라와 권세와 영광이 아버지께 영원히 있사옵나이다 아멘) 마태복음 6:9-13

어느날 예수님의 제자들이 예수님께 기도를 가르쳐 달라고 했습니다. 제자들은 왜 기도를 배우고자 했을까요? 세례 요한과 다른 선생님들이 제자들에게 기도를 가르쳐주었기 때문에, 자기들도 예수님께 기도를 배우고 싶었던 것입니다. 그러자 예수님은 주기도문을 가르쳐주셨습니다. 기도는 제멋대로 하는 게 아닙니다. 주기도문을 통해 기도의 규칙을 잘 배울 때, 바르게 기도할 수 있습니다(눅 11장).

우리는 주기도를 통해 기도의 규칙을 배웁니다.

50문 더워드요리문답

주기도에서
하나님에 대한 간구는 무엇입니까?

우리는 하나님의 뜻을 위해 먼저 구해야 합니다.[1]
우리는 하나님께서 영광 받으시는 그의 나라가
이 땅에 임하는 것을 기도해야 합니다.[2]

---

1) 시 67; 119:36; 마 26:39; 삼하 15:25; 욥 1:21. 2) 시 103:20-21; 계 22:20.
WLC 190-192문답; WSC 101-103문답.

TWC _ 말씀

평강의 하나님께서 속히 사탄을 너희 발 아래에서 상하게 하시리라 우리 주 예수의 은혜가 너희에게 있을지어다 로마서 16:20

어리석은 부자가 있었습니다. 농사가 잘 되어서 곡식을 많이 거두었습니다. 창고를 크게 짓고, 곡식을 쌓아두고는 이제는 아무 걱정이 없다고 좋아했습니다. 그러나 하나님이 그에게 하신 말씀이 무엇이었을까요? "오늘 밤에 죽으면, 네가 쌓아 놓은 것이 무슨 소용이냐?"였습니다. 자기만을 위해 사는 사람은 어리석은 사람입니다. 언제나 하나님 나라를 위해 먼저 기도해야 합니다(눅 12장).

TWC _ **고백**

우리는 하나님 나라의 임재를 위해 기도합니다.

TWC _ **결단**

51문 더워드요리문답

주기도에서 우리에 대한 간구는 무엇입니까?

우리는 우리의 필요를 구해야 합니다.[1]
우리가 이 땅에서 하나님의 자녀답게 살도록 인도하고
시험 가운데 보호해 달라는 기도입니다.[2]

---

1) 잠 30:8-9; 창 28:20; 딤전 4:4-5. 2) 마 26:41; 고후 12:7-8.
WLC 193-195문답; WSC 104-106문답.

TWC _ 말씀

사람이 감당할 시험 밖에는 너희가 당한 것이 없나니 오직 하나님은 미쁘사 너희가 감당하지 못할 시험 당함을 허락하지 아니하시고 시험 당할 즈음에 또한 피할 길을 내사 너희로 능히 감당하게 하시느니라   고린도전서 10:13

예수님은 제자들을 데리고 겟세마네 동산에 기도하러 가셨습니다. 예수님은 특별히 베드로에게 시험에 빠지지 않도록 깨어 있어 기도하라 하셨습니다. 그러나 베드로는 잠이 들었습니다. 기도하지 않고 잠자던 베드로는 나중에 어떻게 되었을까요? 베드로는 시험에 빠져 예수님을 모른다 부인하고 말았습니다. 예수님이 베드로를 위해 기도하지 않았다면, 마귀에게 넘어가고 말았을 겁니다. 기도하지 않으면, 우리는 시험에 빠집니다. 그리스도인답게 살려면 기도해야 합니다(마 26장).

우리는 이 땅의 그리스도인으로 살게 해 달라고 기도합니다.

52문 더워드요리문답

주기도의 결론이 의미하는 것은 무엇입니까?

주기도의 결론은 "나라와 권세와 영광이 아버지께 영원히 있사옵나이다. 아멘"입니다. 이는 우리가 기도할 힘을 오직 하나님께로부터 얻어,[1] 하나님을 찬송할 것과,[2] 아멘으로 기도응답을 소원하고 확신하는 것입니다.[3]

1) 단 9:4-19. 2) 대상 29:10-13. 3) 고전 14:16; 계 22:20-21.
WLC 196문답; WSC 107문답.

TWC _ **말씀**

영원하신 왕 곧 썩지 아니하고 보이지 아니하고 홀로 하나이신 하나님께 존귀와 영광이 영원무궁하도록 있을지어다 아멘 디모데전서 1:17

엘리야와 바알과 아세라의 선지자들이 대결을 했습니다. 여호와 하나님이 진짜 신인지, 바알과 아세라가 진짜 신인지 알아보자 했습니다. 하늘에서 불을 내려달라는 기도에 응답하는 신이 진짜 신이라고 했습니다. 바알과 아세라의 선지자들은 850명이나 되었지만, 아무리 기도해도 대답이 없었습니다. 그러나 엘리야가 기도하자 무슨 일이 일어났을까요? 하늘에서 불이 떨어졌습니다. 그 모습을 본 이스라엘 백성은 하나님께 영광을 돌렸습니다. 오직 하나님만이 기도에 응답하는 진짜 신입니다(왕상 18장).

TWC _ **고백**

우리는 하나님의 응답을 확신하며 기도합니다.

TWC _ **결단**

더워드
요리
문답